Bibliografische Information der Deutschen Nationalbibliothek:

Die Deutsche Bibliothek verzeichnet diese Publikation in der Deutschen National-
bibliografie; detaillierte bibliografische Daten sind im Internet über http://dnb.d-
nb.de/ abrufbar.

Impressum:

Copyright © 2007 GRIN Verlag, Open Publishing GmbH
Druck und Bindung: Books on Demand GmbH, Norderstedt Germany
ISBN: 9783640545322

Manuela Schroll

Kunststunde Jahrgangsstufe 3: Wir betrachten "Die Poetin" von Joan Miro und gestalten das Bild nach

GRIN Verlag

Kunst

Jgst. 3

Stundenthema:

Wir betrachten das Bild „Die Poetin" (1940) von Joan Miro und gestalten es nach.

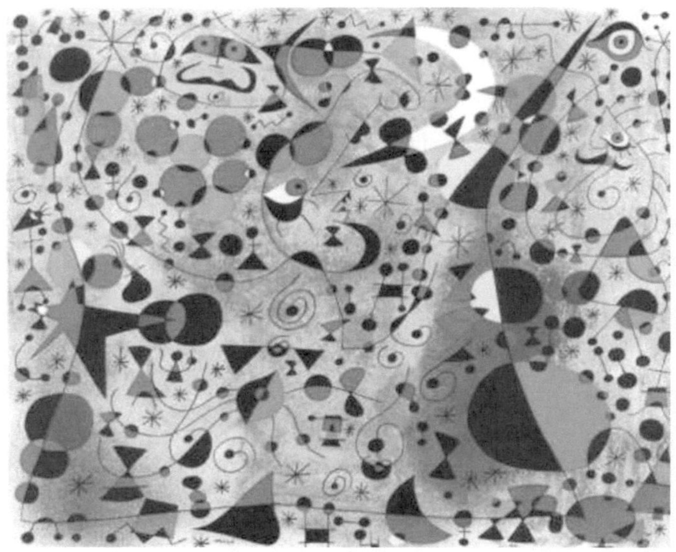

(Bildquelle: http://www.hillerschule.de/diepoetin.jpg)

0 Vorüberlegungen

„Unser Alltag wird durch eine Flut von Bildern beinahe erdrückt. Visuelle Eindrücke gleiten an uns vorüber, aber sie dringen nicht in uns ein. Wir sehen viel, aber wir – und unserer Kinder – laufen Gefahr, dabei das ruhige, verweilende Schauen zu verlernen. In der Zwiesprache, der ganz persönlichen Begegnung und Auseinandersetzung mit einem Kunstwerk können wir der flüchtigen Bilderwelt für eine Weile entkommen und uns im Schauen (auch) selbst finden."[1]

1. Lehrplanbezug

Im beschriebenen Sinn lädt die heutige Kunststunde die Kinder zum intensiven Betrachten und Beschreiben eines Bildes ein. Mit zunehmender Konzentration auf das Bild werden eine persönliche Beteiligung, Aufgeschlossenheit und Empfänglichkeit für eben dieses erreicht.[2] Darüber hinaus erleben die SS in der Begegnung mit Kunstwerden über die Auseinandersetzung mit Motiven, Werkideen und Gestaltungsmitteln die besondere Leistung der Künstler und Kunsthandwerker. „Die Wertschätzung von Kulturzeugnissen und die Toleranz auch gegenüber ungewohnten künstlerischen Ausdrucksformen werden hier angebahnt."[3]

Stundenthema:

**Wir betrachten das Bild „Die Poetin" (1940) von Joan Miro
und gestalten es nach.**

<u>**Richtziel:**</u>   Welt der Kunst – Botschaften der Meisterwerke

                                4.6 Natur wird Kunst

<u>**Grobziel:**</u>   Betrachten ausgewählter Bild- und Werkbeispiele

---

[1] Xylander Ulrike: „Seerosen" von Monet. In: Grundschulmagazin 7-8/1999, S.27.
[2] vgl. Staatsministerium für Unterricht und Kultus: Lehrplan für die bayerische Grundschule 2000, S. 40.
[3] Staatsministerium für Unterricht und Kultus: Lehrplan für die bayerische Grundschule 2000, S. 40.

<u>**Stundenziel:**</u>   Die Schüler sollen sich reflektierend und produzierend mit dem Bild auseinandersetzen.

<u>**Feinziele**</u>:   Die SS sollen

- den Maler Joan Miró und sein Bild „Die Poetin" kennenlernen.
- das Bild genau betrachten und sich in das Bild einfühlen.
- erkennen, dass der Maler hauptsächliche die Farben lila, schwarz, grün, braun und rot verwendet hat.
- erkennen, dass der Maler mit einfachen Formen gearbeitet hat.
- mit der Gestaltung des Gruppenbildes beginnen und dabei die erarbeiteten Gestaltungsmittel einsetzen.

2. Artikulationsschema

ZEIT	ARTIKULATION	GEPLANTER UNTERRICHTSVERLAUF	MEDIEN + SOZIALFORM
	I. Initiationsphase <u>Motivation</u>	Einspielen von Musik + Bild vom kleinen Joan Miró ⇒ SS- Äußerungen Buchstabenpuzzle L: „Vielleicht hast du eine Idee, wie der kleine Junge heißen könnte!" SS: „Joan Miró!" L: „So, wie der Name klingt, kannst du mir sagen, wo der kleine Junge gelebt hat!" SS: „Der Name hört sich spanisch an." L: „Zeige mir auf also der Europakarte, wo Joan Miró gelebt hat! ⇒ S zeigt Spanien auf Europakarte.	CD + CD-Player, Bildkarte als o. I Buchstabenkarten Europakarte
2	<u>Informationen zum Künstler</u>	L beginnt: „Der kleine Joan Miró wurde 1893 in Barcelona in Spanien geboren. Er war ein schlechter Schüler, der gern vor sich hin träumte. Zu erzählen, wovon er geträumt und was er den	Lehrervortrag

| | | ganzen Tag so erlebt hatte, hatte er immer viel!"
L unterbricht Vortrag: „Wovon könnte der kleine Joan in seinem jungen Leben so alles erzählt haben?"
SS: „Von der Schule, vom Spielen, …!"
L erzählt weiter: „Leider hatten seine Eltern nie Zeit ihm zuzuhören. Wenn er etwas erzählen wollte, sagten die Erwachsenen immer: „Ach, bitte nicht jetzt, ich habe keine Zeit im Moment, später vielleicht!" Weil Joan Miró seine Erlebnisse aber erzählen und nicht vergessen wollte, hat er eines Tages einen Weg gefunden seine Geschichten und Fantasien, Erlebnisse und Träume mitzuteilen."
SS: „Er hat seine Erlebnisse und Träume aufgemalt!"
L: „Genau, er hat beschlossen, seine Träume aufzumalen. Wenn du träumst, dann ist es sehr chaotisch und du siehst Dinge, die nicht wirklich sind. Du hast bestimmt auch schon mal von solch nicht ganz wirklichen Dingen geträumt!"
⇒ verschiedene SS- Äußerungen

L: „Miró war damit sehr erfolgreich, Dinge zwischen Traum und Wirklichkeit darzustellen und wurde schließlich so berühmt, dass Miró heute zu den bekanntesten Künstlern des 20. Jahrhunderts zählt.
Auch in seinem Privatleben war Miró sehr glücklich. Er heiratete seine Freundin Pilar und bekam mit ihr eine Tochter, die sie Maria Dolores nannten. Im Jahre 1956 zogen sie nach Palma de Mallorca. Dort baute Miró ein Haus und ein großes Atelier, wo er viel Platz für seine Gemälde und für die vielen Sachen, die er sammelte, hatte. Er starb 1983 im stolzen Alter von 90 Jahren." | Bild von Miro |

5	<u>Zielangabe</u>	L: „Eines seiner sehr fantasievollen Bilder habe ich dir mitgebracht. Wir wollen es uns heute genauer ansehen.	OHP + Folie
	<u>Informationen zum Bild</u>	Das Bild hat er 1940 gemalt. Den Titel verrate ich dir erst später. Nur eines, er war genauso rätselhaft und fantasievoll wie seine Träume.	Tafel
6	II. Bildbegegnung <u>Stilles Betrachten</u>	L schaltet OHP an und deckt langsam auf: „Wandere solange die Musik läuft mit deinen Augen wie mit einem Fernglas über das Bild!" ⇒ einige spontane SS- Äußerungen	CD + CD- Player
8	<u>Gelenkte Bildbetrachtung</u>	L: „Folge, solange du die Musik im Hintergrund hörst, dem kleinen Vogel mit dem Fernrohr! Was sieht der Vogel, wem begegnet er auf seiner Reise durch den Himmel? Überlege dabei, was der kleine Vogel erleben, von welcher fantastischen Geschichte dieses Bild erzählen könnte! … Erzähle deinem Partner in Flüstersprache von der Geschichte des kleinen Vogels!" L: „Erzähle, was ihr euch überlegt habt!" ⇒ einige SS- Äußerungen L: „Es ist ein Kennzeichen Mirós Malerei, dass es sehr viele schöne Möglichkeiten gibt, das, was er uns sagen wollte, zu deuten. Jeder entdeckt eine andere Geschichte in seinen Bildern!	CD + CD- Player Partnerarbeit
13	III. Bildbetrachtung/ Erarbeitung	L: „Wir wollen noch mehr über die Farben und die Formen des Bildes herausfinden. Dazu bekommst du Arbeitsaufträge, die auf diesen Zetteln notiert sind. Lies ihn dir genau durch. Besprich dann die einzelnen Aufgaben in Flüstersprache mit deiner Gruppe! ⇒ Auswertung der GA an der Tafel	Arbeitsblatt mit Arbeitsaufträgen für die Gruppenarbeit Zettel: Farbeimer Becher
20	<u>Farben</u>	L: „Joan Miró hat für sein Bild nur wenige Farben	Tafel

	benutzt!" SS: „Er hat die Farben schwarz, lila, grün, rot, … verwendet. Der Hintergrund ist braun." L wählt Farbeimer aus, gibt einem S aus anderer Gruppe, der die entsprechende Farbe am Bild zeigen soll und heftet dann an die Tafel. L: „Diese Farben sind ganz typisch für Miró, es sind seine Lieblingsfarben. Du kannst seine Bilder also gut erkennen, weil er diese Farben für fast alle seiner Bilder benutzt."	
Formen	L: „Welche einfachen Formen und Figuren hast du gefunden?" SS zeigen: „schwarze Linien, Kreise, Sterne, Vogel, Auge, Formen, die unterschiedlich groß sind, …" ⇒ L notiert an Tafel mit L: „Suche dir eine eigene Figur, eine Form aus und versuche sie mit der Hand in der Luft nachzuzeichnen!" … L: „Wenn du dir die Formen, speziell die Kreise einmal genauer ansiehst, dann fällt dir eine Besonderheit auf!" SS: „Sie überlappen. Dort wo sie überlappen hat Miró eine andere Farbe gewählt."	
Bildtitel	L: „Du hast schon ganz viel über das Bild erfahren. Sicherlich bist du ach schon neugierig geworden, wie das Bild heißen könnte! Du hast dir vielleicht auch schon einen eigenen Titel überlegt! ⇒ SS schlagen mögliche Titel vor. L: „Deine Vorschläge sind gut, sie würden alle passen. Miró hat nämlich die Titel seiner Bilder auf ähnliche Weise gewählt, wie er gemalt hat. Sie lassen viele Deutungen zu. Dieses Bild hat er „Die Poetin" genannt. Erkläre kurz den Begriff Poetin!	

		Überlege, warum er das Bild so genannt haben könnte!" SS: „Vielleicht sind das, was auf dem Bild zu sehen ist, die Fantasien diese Frau."	
30	IV Gestaltungsphase	L: „Du hast dir das Bild von Joan Miró ganz genau angesehen. Nun darfst du beginnen, ein eigenes Traumbild im Stil von Joan Miró zu malen. Das Besondere heute ist, dass du in der Gruppe an einem Bild malst. L: „Erkläre, womit musst du beginnen und worauf musst du beim Malen im Stile Miros achten! " SS: „mit den schwarzen Linien beginnen, Farben sind rot, lila, schwarz, grün, …" L: „Dieses braune Plakat dient dir als Hintergrund. Teile es dir in der Gruppe auf. Räume deinen Tisch auf, du benötigst nur deinen schwarzen Filzstift und Buntstifte, die du in diesem Becher in der Mitte des Plakates platzierst! Zeichne nicht vor, lasse deine Hand mit dem Stift wie gerade in der Luft über das Papier tanzen und es entsteht ein fantasievolles Bild! Achte beim Malen darauf, dass du nicht zu klein malst!" Evtl. Impuls während der Gestaltungsphase: „Vielleicht kommt dir während des Malens ja eine Geschichte in den Kopf, die euer Traumbild erzählt. Sie entsteht beim Malen von ganz alleine, so wie Träume nicht gesteuert werden können.	Einzelarbeit
42	V Reflexion/ Würdigung	L: „Wie sieht der Farbkasten von Miró aus? An diesen Formen und Figuren erkennt man Miró sofort! SS: „…" L: „Wir versammeln uns um das Plakat von Gruppe X und überprüfen, ob sie ihr Plakat wie Miró gestaltet haben. Was hat die Gruppe gut gemacht, hast du eventuell Tipps, was sie noch	

		verbessern könnten?"	
		SS: „Die Gruppe hat gut gemacht, dass … , besser machen könnte sie noch, dass… ."	
45	VI Ausblick	L: „Nächste Stunde darfst du das Bild mit deiner Gruppe fertig gestalten. Und ihr dürft euch überlegen, welche Geschichte euer Bild denn nun erzählt und diese auch aufschreiben.	

Geplantes Tafelbild

Joan Miró	Die Poetin (1940)	
Geboren 1893 in Barcelona		
	Farben Formen	
	Schwarz Überlappungen	
	Lila Linien,	
	Grün Kreise,	
	Braun Sterne	
	… Auge	
Gestorben 1983 in Palma de Mallorca	Vogel	

Seht euch das Bild noch einmal genau an! 

☐ Welche einfachen **Formen** und **Figuren** hat der Maler Joan Miró für sein Bild/ seine Geschichte gefunden?

⇒ Zeichne sie deinem Partner auf den Rücken!

☐ Sieh dir mehrere Kreise genau an. Welche Besonderheit fällt dir auf? Versuche sie zu erklären!

☐ Für Schnelle! Findet einen Titel für das Bild!

Seht euch das Bild noch einmal genau an! 

☐ Miró hat nur ganz wenige **Farben** für sein Bild verwendet, 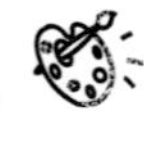 welche?

⇒ Sucht Buntstifte in den entsprechenden Farben heraus. Jeder malt einen (oder mehrere) Farbeimer mit der Farbe aus, die Miró für sein Bild verwendet hat!

Tipp: Wenn deine Gruppe eine Farbe nicht hat, dann frag doch leise und höflich eine andere Gruppe wegen der Farbe!

☐ Stellt die Buntstifte, die ihr verwendet habt in die Tassen. In jeder der beiden Tassen sollten die gleichen Farben und die gleiche Anzahl an Farben sein!

☐ Für Schnelle! Findet einen Titel für das Bild!